EDIT DV ROY,

PORTANT RESTABLISSEMENT

d'vn quartier de gages, cy-deuant retranché
aux Officiers des Cinq grosses Fermes, Doüanne de Lyon, Patente & Foraine de Languedoc.
Création d'vn Tresorier General Triennal des
Tailles & Impositions Foraines & Domaniales:
Et attribution d'heredité, tant à leurs Offices,
qu'à ceux des Traictes de Prouence, Traictes
anciennes, & nouuelle Imposition d'Aniou:
Droicts d'Entrée au Bureau d'Ingrande & de la
Preuosté de Nantes.

Juin 1635

Verifié en la Chambre des Comptes le 20. Decembre 1635.

A PARIS,

Par P. METTAYER, A. ESTIENE, & P. ROCOLET,
Imprimeurs ordinaires du Roy.

M. DC. XXXVI.

Auec Priuilege de sa Majesté.

EDIT DV ROY

L OVIS par la grace de Dieu, Roy de France & de Nauar-re, A tous presens & à venir, Salut. LES Receueurs, Controolleurs, & Autres Offi-ciers de nos Fermes generales des Aydes, Gabelles, Droicts d'Entree aux Ponts, Portes & Aduenues de nostre bonne vil-le de Paris, & autres, Ayant esté par nous faits hereditaires, pour les considerations contenues tant par les Edicts de leur créa-tion, que par nos autres depe-

LOVIS par la grace de Dieu, Roy de France & de Nauarre, A tous prefens & à venir, Salut. LES Receueurs, Controlleurs, & autres Officiers de nos Fermes generales des Aydes, Gabelles, Droiĉts d'Entrée aux Ports, Portes & Aduenuës de noftre bonne ville de Paris, & autres, Ayant efté par nous faits hereditaires, pour les confiderations contenuës tant par les Ediĉts de leur créa-tion, que nos lettres de decla-

A ij

ration portant ladite heredité : Nous auons estimé n'estre
moins necessaire de faire sem-
blable grace à tous les Officiers,
de Receueurs, Controlleurs, Vi-
siteurs, & autres, de l'estenduë
& maniement des Cinq grosses
Fermes de France, Douanne de
Lyon, Patente & Foraine de
Languedoc & Prouence, Traictes anciennes, & nouuelle Imposition d'Anjou, Droicts d'Entrée & Domaniale au Bureau
d'Ingrande & de la Preuosté
de Nantes : Ensemble à l'Office
de nostre Conseiller, Tresorier
General, Triennal, des Traites
Foraines, Domaniale, & Douã-
ne de Lyon, crée par l'Edict des

Offices Triennaux, du mois de
Nouembre mil six cens quinze,
dont la quittance de finance a
esté expediée dés le vingt-qua-
triéme May, mil six cens vingt-
trois : Afin que nous secourans
par les pourueus d'iceux, de
quelques deniers, en l'vrgente
necessité de nos affaires & des-
penses, que nous sommes contraints de faire pour l'entrete-
nement de nos Armées, leurs
Offices soient rendus hereditaires, & conseruez à leurs famil-
les, dont la plufpart ont em-
ployé tous leurs biens & patri-
moines, pour acquerir lesdits
Offices. Ce que par eux-mesmes
a esté recogneu leur estre si ad-

A iij

uantageux „ qu'aucun d'iceux nous ont fait supplier instam-ment, de leur vouloir octroyer ladite heredité & augmenta-tion de gages , en payant à nos Parties Casuelles les sommes de deniers ausquelles chacun d'eux seroit taxé moderément en nostre Conseil , tant pour icelle heredité , augmentation, que pour le restablissemēt d'vn quartier de gages , retranché par les estats de nostredit Con-seil, aux Officiers des Cinq gros-ses Fermes , Foraine, & Patente de Languedoc & Prouence. A quoy inclinant liberalement, pour l'affection que nous auōs toujours euë au bien & soulagement de nos fujets : Sçauoir faifons , qu'ayant fait mettre cette affaire en deliberation en noftre Confeil , où affiftoient aucuns Princes de noftre Sang, & autres grands & notables perfonnages de noftre Confeil: A CES CAVSES, nous auons de l'Aduis d'iceluy, & de noftre certaine fcience, plaine puiffance & authorité Royale, par cettuy noftre prefent Edict perpetuel & irreuocable, fait & rendu, faifons & rendons here-ditaires, tous lefdits Offices tant anciens , alternatifs que trien-naux, des Receueurs, Control-leurs, Vifiteurs , Maiftres des Ports, Iuges des Traictes, leurs

Lieutenans, & autres de nosdi-
tes Cinq grosses Fermes, Doüa-
ne de Lyon, Patente, & Traictes
Foraines de Languedoc & Prouence, Traicte ancienne, &
nouuelle Imposition d'Anjou,
Droicts d'Entrée au Bureau
d'Ingrande, & de la Preuosté
de Nantes: Et ausdits Officiers
des Cinq grosses Fermes, &
Doüanne de Lyon, Patente &
Foraine de Languedoc, auons
accordé & accordons ladite
augmentation & restablisse-
ment du quartier des gages cy-
deuant retranché par les estats
de nostredit Conseil, ce mon-
tant le tout dix-huit mil deux
cẽs trẽte quatre liures huit sols.

pour

pourd'iceux gages jouïr heredi-
tairemēt, & en estre entieremēt
payez. Et à cét effet, voulons,
entendons & ordonnons, que
le fonds en soit fait & laissé, tāt
par les estats des charges, expe-
diez en nostre Cōseil pour lesdits Cinq grosses Fermes, Patēre
& Foraine de Lāguedoc & Prouence, qu'autres qu'il appar-
tiendra, à commencer du premier Ianuier de la presente an-
née. Comme aussi nous auons,
entāt que besoin est, ou seroit,
crée & erigé en tiltre d'Office
formé & hereditaire, ledit Office
de nôtre Cōseiller, Tresorier general Triennal, des Traictes, Impositions Foraines, Domania-

les, & Doüanne de Lyon, pour y estre dés à present pouruen, tant sur lesdites quittances de finãce, que de celle du suppléement qu'il payera pour ladite augmentation & heredité dudit Office, & cy-apres à toutes mutations, pour doresnauant & à toujours, en jouïr & vser par les pouruens, leurs successeurs & ayans cause hereditairement, aux honneurs, authoritez, prérogatiues, préeminences, gages portez par lesdites quittances de finance & suppléement, droicts y attribuez & appartenans, à commencer dudit jour premier Ianuier dernier. AVONS aussi par ces mes-

mes presentes, confirmé & con-
firmons lesdits Officiers des Fermes des Traictes d'Anjou, en la
jouïssance des six deniers pour
liure, desquels à l'aduenir ils
jouïront, leurs successeurs, &
ayans cause hereditairement,
de leurs Offices. Pareillement
tous les Officiers dessusdits les
ayant d'abondant, entant que
besoin est ou seroit, maintenus
& conseruez, maintenons &
conseruons par ces presentes en
leurs Offices, sans qu'au moyen
de ladite heredité, lesdits Offices puissent estre à l'aduenir re-
putez domaniaux, ny sujets à
aucune reuente ou rembourse-
ment, pour quelque cause ou

occaſion que ce ſoit , ny ceux
qui s'en feroient pouruoir à
chacune mutation , ny payer
aucune finance ny marc d'or,
dont nous les auõs pour les ſuſ-
dites conſiderations, déchargez
& diſpenſez , déchargeons &
diſpenſons par ceſdites lettres :
en payant les ſommes eſquelles
tous & chacuns leſdits Officiers
feront moderément taxez en
noſtredit Conſeil , pour les ſuſ-
dites, heredité , reſtabliſſement
du quartier des gages, & augmentation d'iceux , confirma-
tion deſdits Offices & droiĉts,
vn mois apres la ſignification
qui leur en ſera faite à perſon-
ne ou domicile , à peine ledit

temps passé , d'y estre contraints , tant par saisie de leurs
gages & droicts , és mains des
Fermiers desdites Cinq grosses
Fermes , Patente & Foraine de
Languedoc & Prouence , ou
autres qui auront le fonds , les-
quels seront contraints comme
pour nos propres deniers & affaires , de vuider leurs mains en
celles des porteurs des quittances desdites taxes , sur leur rece-
pissé , jusques à concurrence d'i-
celles. SI DONNONS EN
MANDEMENT à nos
amez & feaux Conseillers les
Gens de nos Comptes à Paris,
Que ces presētes ils fassent lire,
publier & registrer , & du con-

tenu en icelle, jouïr & vſer plai-
nement, paiſiblement & perpe-
tuellement, leſdits Officiers, ſãs
ſouffrir qu'il leur ſoit fait ny
rendu aucun empeſchement,
ny trouble à ce contraire, non-
obſtant oppoſition ou appel-
lation quelconque, deſquelles
ſi aucunes interuiennent, nous
auons retenu & reſerué la con-
noiſſance à nous & à noſtredit
Conſeil, & icelle interdite &
defenduë à toutes nos Cours
& autres nos Iuges: CAR tel eſt
noſtre plaiſir. Et afin que ce ſoit
choſe ferme & ſtable à toû-
jours, Nous y auons fait mettre noſtre ſéel, ſauf en autre
choſe noſtre droict, & l'autruy

en toutes. DONNE' à Chasteau-
Thierry au mois de Iuin, l'an de
grace mil six cens trente-cinq:
Et de nostre regne, le vingt-
sixiéme. Signé, LOVIS. Et plus
bas, Par le Roy, DE LOMENIE.
A costé, visa. Et séellé du grãd
Seau de cire verte, sur lacs de
soye rouge & verte: Et encor
est écrit:

Leu, publié & regiſtré en la
Chambre des Comptes, ouy le Pro-
cureur General du Roy, par Mon-
ſieur le Duc d'Orleans, Frere vni-
que de ſa Majeſté, venu exprés en
ladite Chambre, aſſiſté du Sieur
Mareſchal d'Eſtrée, & des Sieurs
Aubery & Colmoulins, Conſeil-

lers de sadite Majesté en ses Conseils, le vingtiéme jour de Decembre, mil six cens trente-cinq.

Signé,   GOBELIN.

www.ingramcontent.com/pod-product-compliance
Lightning Source LLC
LaVergne TN
LVHW010839180726
843502LV00009B/3655